Gweithgareddau Ategol

Deall Pethau Byw

Janet O'Neill,
Alan Jones,
Roy Purnell,
ac Alwena Power

Brilliant
PUBLICATIONS

Gobeithiwn y byddwch chi a'ch dosbarth yn mwynhau defnyddio'r llyfr hwn. Mae llyfrau eraill yn y gyfres yn cynnwys:

Deall Prosesau Ffisegol	ISBN:	978-1-78317-028-9
	E-lyfr ISBN:	978-1-78317-032-6
Deall Defnyddiau	ISBN:	978-1-78317-029-6
	E-lyfr ISBN:	978-1-78317-033-3

Cyhoeddwyd gan Brilliant Publications
Gwefan: www.brilliantpublications.co.uk

Brilliant Publications
Unit 10, Sparrow Hall Farm, Edlesborough, Dunstable LU6 2ES, UK
Ffôn: 01525 222292   Ffacs: 01525 222720

Mae'r enw Brilliant Publications a'i logo yn nodau masnach cofrestredig.

Ysgrifenwyd gan Janet O'Neill, Alan Jones, Roy Purnell, ac Alwena Power
Cyfieithwyd gan Alwena Power

© 2013
Originally published in English as **Understanding Living Things**
by Brilliant Publications ©2000.

Cynlluniwyd a darluniwyd gan Small World Design

Mae'r awduron yn ddiolchgar i staff a disgyblion Ysgol Gynradd Gellideg, Merthyr Tudful am eu cymorth.

Argraffwyd yn y DU
Argraffiad cyntaf yn 2013
10 9 8 7 6 5 4 3 2 1
ISBN: 978-1-78317-027-2
E-lyfr ISBN: 978-1-78317-031-9

Cynnwys

Cyflwyniad i'r gyfres

Cynlluniwyd y gyfres hon i helpu'r dysgwr araf neu ddisgyblion gydag anawsterau dysgu yng Nghyfnod Allweddol 1 a 2 i ddatblygu sgiliau angenrheidiol arsylwi, rhagfynegi, recordio a dod i gasgliad. Mae'r disgyblion hyn wedi cael eu hesgeuluso'n aml mewn cynlluniau gwaith masnachol confensiynol. Mae'r llyfrau'n cynnwys cymysgedd o dasgau ar bapur a gweithgareddau ymarferol. Defnyddiwyd symbolau i ddangos y gwahanol fathau o weithgareddau:

Beth i'w wneud

Meddwl a gwneud

Darllenwch

Ymchwiliwch

Mae'r taflenni cefnogi'r Rhaglen Astudio'r Cwricwlwm Cenedlaethol: Cyd-ddibyniaeth organebau. Mae'r ymchwiliadau ymarferol yn gofyn am ddefnyddiau sydd ar gael yn hawdd yn y rhan fwyaf o ysgolion cynradd. Mae'r gweithgareddau wedi eu gwirio ar gyfer diogelwch, ond, fel pob gweithgaredd dosbarth, cyfrifoldeb yr athro/athrawes dosbarth yw creu asesiad risg gan feddwl am ei d(d)isgyblion ei hun.

Mae'r taflenni fel arfer yn cyflwyno un cysyniad neu ddatganiad Cwricwlwm Cenedlaethol i bob taflen (os nad ydynt yn daflenni adolygu). Cynlluniwyd y taflenni i'w defnyddio gan ddisgyblion unigol neu fel gweithgaredd dosbarth os yw'r dosbarth yn gweithio o fewn yr un amrediad gallu. Gallant gael eu defnyddio mewn unrhyw drefn fel y gallwch ddewis taflen sy'n cydfynd â gofynion y disgybl ar y pryd. Fel gyda phob gweithgaredd sydd wedi ei gyhoeddi, gall y taflenni gael eu haddasu ar gyfer disgyblion neu grwpiau arbennig. Gallant gael eu defnyddio i ategu eich cynlluniau presennol, fel tasg asesu, neu hyd yn oed fel gwaith cartref. Os ydych yn eu defnyddio i asesu, rhaid i chi feddwl am gynllun marcio neu ddangosydd lefel. Fel arfer mae'r taflenni wedi eu cynllunio ar gyfer lefelau 1–3 ond gellir defnyddio rhai ar gyfer lefel 4.

Mae'r taflenni'n defnyddio iaith syml a llinellau du clir yn y lluniau sy'n eu gwneud yn hawdd i'w darllen a'u deall. Maent wedi cael eu profi i wneud yn siwr bod disgyblion gydag anawsterau dysgu yn ei deall. Er bod y taflenni yn defnyddio geirfa gyfyngedig, maent yn annog disgyblion i ymateb yn ysgrifenedig ac i ddatblygu eu sgiliau ysgrifennu.

Nid oes cyfeiriad at unrhyw fath o anabledd gan y dylai'r gweithgareddau apelio at ystod eang o ddisgyblion a thasg yr athro/athrawes yw dewis y ffordd orau i ymateb i anghenion ei d(d)isgyblion. Er enghraifft, gallai'r gweithgareddau gael eu gwneud yn fwy, eu troi'n ddiagramau cyffyrddadwy wedi'u codi neu eu recordio ar dâp sain.

Rhagarweiniad i'r llyfr

Mae'r pynciau yn y llyfr hwn yn helpu disgyblion i ddeall prosesau bywyd a phethau byw. Maent yn atgyfnerthu dulliau ymchwil gwyddonol drwy fynnu bod disgyblion yn cynllunio ac yn gwneud gweithgareddau ymarferol, ystyried tystiolaeth, a chyflwyno syniadau a chasgliadau. Mae'r taflenni yn canolbwyntio ar brosesau bywyd sy'n gyffredin i bopeth byw, pobl ac anifeiliaid eraill, planhigion gwyrdd, yn ogystal â sut mae pethau byw yn cysylltu â'u hamgylchedd.

Mae'r taflenni gwaith yn y llyfr yn gorgyffwrdd a gwelwch fod amryw o'r datganiadau yn y Cwricwlwm Cenedlaethol wedi eu trafod nifer o weithiau mewn gwahanol ffyrdd. Mae hyn yn eich galluogi i ddefnyddio'r taflenni gwaith i ailadrodd gwaith ar wahanol gysyniadau i atgyfnerthu dysgu eich disgyblion. Fodd bynnag, nid yw'r taflenni wedi eu cynllunio ar gyfer unrhyw drefn arbennig. Nid cynllun dysgu ydynt, ond adborth y gallwch ei ddefnyddio i gyfoethogi neu ychwanegu at eich cynllun gwaith arbennig chi yn ôl galwadau eich disgyblion.

Mae rhai taflenni yn annog ateb agored, ac eraill wedi'u cynllunio i arwain disgyblion at ateb arbennig. Mae rhai yn dechrau gyda thasgau hawdd ac yn arwain at weithgareddau atodol anoddach, y rhai a alwn yn 'meddwl a gwneud'. Mae eraill ar un lefel o anhawster. Mae'r amrywiaeth wedi ei gynllunio i roi hyblygrwydd i'r taflenni ac i'ch galluogi i ddewis y daflen fwyaf addas ar gyfer eich disgyblion.

Beth i'w wneud

Chwiliwch am y geiriau hyn sydd i'w wneud â phobl.

baban	bachgen	merch
oedolyn	chi	hen
arddegau	oed	tyfu

b	a	ch	g	e	n	t	o
a	d	a	b	i	e	y	d
b	m	e	r	ch	h	f	e
a	r	dd	e	g	a	u	o
n	y	l	o	d	e	o	d

Meddwl a gwneud

Faint o eiriau allwch chi eu gwneud allan o'r gair:

arddegau

Gair i gall: i'ch oedran chi mae 7 gair yn dda!

© Janet O'Neill, Alan Jones, Roy Purnell, ac Alwena Power

Tyfu i fyny

Beth i'w wneud

Mae ein cyrff yn newid wrth heneiddio.
Rhowch y geiriau o dan y lluniau:

baban   arddegolyn   merch   plentyn
bachgen   oedolyn   henoed

b _ _ _ _ _   a _ _ _ _ _ _ _ _ _   m _ _ _ _

p _ _ _ _ _ _   b _ _ _ _ _

h _ _ _ _ _ _   o _ _ _ _ _ _ _

Pam mae babanod yn llai na phlant bach?

Meddwl a gwneud

Beth yw'r oed y mae'n rhaid i chi gyrraedd i fod yn eich arddegau?
_____ oed

Pa mor hen yw'r arddegolyn hynaf? _____ oed
Pa oedran y mae'n rhaid i chi fod i dderbyn telegram oddi wrth y frenhines?
_____ oed

Beth i'w wneud

Trefnwch y llythrennau i ddarganfod rhannau'r corff.
Cysylltwch y geiriau gyda'r rhannau cywir yn y corff.

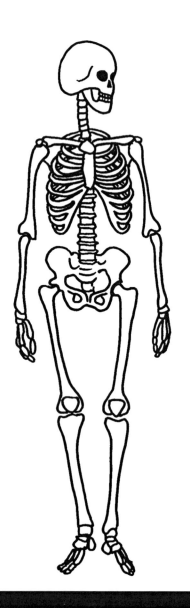

Asgwrn y pen
yw **pgengol**. . . . .

Esgyrn y frest
yw **annesau**. . . . .

Yr asgwrn sy'n cynnal y corff
yw'r asgwrn **fecn**. . . . .

Mae'r goes yn plygu ar y
penigln. . . . .

Labelwch unrhyw esgyrn eraill yr ydych yn
eu hadnabod.

Meddwl a gwneud

Llenwch y geiriau coll:

P . . . . sydd o gwmpas yr ymennydd.

Mae'r ysgerbwd wedi ei wneud o **e**. . . . .

Lliwiwch y **pelfis** ar y llun.

 © Janet O'Neill, Alan Jones, Roy Purnell, ac Alwena Power

Ysgerbydau

Beth i'w wneud

Rhowch dic ✓ ger y llun os oes ysgerbwd gan yr anifail.

Cangarŵ

Ysgerbwd   Oes ☐   Nac oes ☐

Gwlithen

Ysgerbwd   Oes ☐   Nac oes ☐

Baban

Ysgerbwd   Oes ☐   Nac oes ☐

Aderyn

Ysgerbwd   Oes ☐   Nac oes ☐

Pysgodyn

Ysgerbwd   Oes ☐   Nac oes ☐

Broga

Ysgerbwd   Oes ☐   Nac oes ☐

Meddwl a gwneud

Pam y mae gennym ysgerbydau?

. . . .

Oes gan sglefren fôr ysgerbwd? . . . .

Cyhyrau

Beth i'w wneud

Hoffai Ffred allu codi pwysau trwm.

Beth sydd rhaid iddo ddefnyddio i gryfhau?

Dilëwch y geiriau anghywir.
Ymennydd/cyhyrau/esgyrn

Hoffai Siwan daflu'r bêl ymhellach.
Pa gyhyrau sydd angen iddi eu cryfhau?

Pa gyhyrau y mae Ranjit yn eu defnyddio i gicio'r bêl?

Ar ôl ymarfer llawer, beth sy'n brifo?

Dilëwch y geiriau anghywir.

Esgyrn/gwaed/cyhyrau

DIWEDD

Meddwl a gwneud

Rhestrwch y cyhyrau sy'n cael eu defnyddio fwyaf gennych yn ystod y dydd.

. . . .

Beth sy'n digwydd i'r cyhyrau os nad ydych yn eu defnyddio?

. . . .

Gweithgareddau Ategol **Deall Pethau Byw**

 © Janet O'Neill, Alan Jones, Roy Purnell, ac Alwena Power

Beth i'w wneud

Edrychwch ar y llun o ddannedd yn eich ceg.

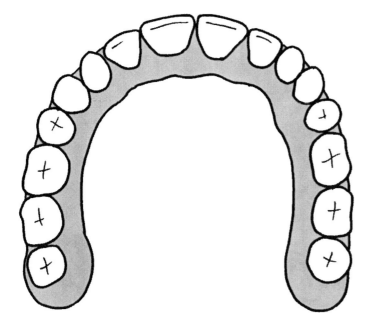

dannedd b _ _ _ _

dannedd ll _ _ _ _ _

dannedd m _ _ _

Mae gennym dri math o ddannedd:

dannedd malu
dannedd blaen
dannedd llygaid

Cysylltwch y labelau a'r llun.

Meddwl a gwneud

Pa ddannedd a ddefnyddiwn i frathu ein bwyd? . . . .

Pa ddannedd a ddefnyddiwn i falu'n bwyd? . . . .

Beth mae'r dannedd eraill yn ei wneud? . . . .

Bwyd am fyw

Beth i'w wneud
Pa rai yw'r geiriau coll?

| egni |
| iach |
| dyfu |

Rydw i'n bwyta i . . .

... roi i mi

e _ _ _

... roi help i mi fyw ac i

d _ _ _

... gadw'n

i _ _

Mae car angen tanwydd petrol i ddal i fynd.

Mae b _ _ _ fel y tanwydd i fy nghadw i fynd.

Meddwl a gwneud
Fy hoff fwyd yw . . . .

Mae'n bwysig cael brecwast cyn dod i'r ysgol oherwydd

. . . .

 © Janet O'Neill, Alan Jones, Roy Purnell, ac Alwena Power

Bwyd da

Darllenwch

Rhaid cael diet cytbwys o fwyd da i gadw'n iach.

Beth i'w wneud

Mae gan Jo a Di focsys bwyd.

creision
cacen hufen
bar siocled
can côc

afal
caws
rholen bara
brown gyda
llenwad salad
carton llaeth

Gan bwy mae'r pryd mwyaf cytbwys?

Meddwl a gwneud

Nodwch beth gawsoch i ginio.

Oedd e'n bryd cytbwys?   Oedd ☐   Nac oedd ☐

Pam? . . . .

Curiad

Darllenwch

Mae'r galon yn gyrru gwaed o amgylch y corff.
Mae'n curo tua 72 gwaith y munud.

Beth i'w wneud
Beth yw'r geiriau coll?

Fel mae'r galon yn curo, gallwch glywed eich

c _ _ _ _ _ c _ _ _ _. Gallwch hefyd deimlo'ch pwls.

Mae meddyg yn defnyddio **st** _ _ _ **sgop** i wrando ar eich calon.

Ymchwiliwch
Defnyddiwch Blu-tack neu blastisîn a choes matsien
i wneud siâp fel hyn.

Rhowch eich braich ar i fyny ar fwrdd.
Rhowch y Blu-tack ar y pwynt pwls ar eich garddwrn neu ar ochr eich bawd.

Ysgrifennwch neu tynnwch lun o beth sy'n digwydd.

Cyfrifwch y nifer o guriadau sydd mewn un munud: . . . .

Meddwl a gwneud
Rhedodd Rob o gwmpas amser
chwarae.
Ydy ei gyfradd pwls yn mynd i fyny
neu i lawr?
Fe allwch ymchwilio i hyn.

14

© Janet O'Neill, Alan Jones, Roy Purnell, ac Alwena Power

Beth i'w wneud

Mae gan Ieuan hadau tomatos. Hoffai dyfu planhigion tomatos. Hoffai eu gwerthu i ennill arian.

Defnyddiwch y geiriau hyn i orffen y brawddegau:

hadau	pot	pridd
man heulog	dŵr	label

1. Rhoddodd Ieuan y **p** _ _ _ yn y **p** _ _ .

2. Wedyn fe ychwanegodd yr **h** _ _ _ _ .

3. Ychwanegodd y **d** _ _ .

4. Rhoddodd l _ _ _ _ ar y pot.

5. Yna rhoddodd y pot mewn **m** _ _ **h** _ _ _ _ _ .

Meddwl a gwneud

Beth fyddai'n digwydd os nad yw'r hadau'n cael dŵr yn aml?

. . . .

Beth fyddai'n digwydd petai'r pot yn cael ei roi mewn lle tywyll? . . . .

. . . .   Fe allwch ymchwilio i hyn.

Beth i'w wneud

Enwch rhannau'r planhigyn.

Cysylltwch yr enwau a'r planhigyn.

dail	blodyn	gwreiddiau	coesyn

b . . . .

c . . . .

d . . . .

g . . . .

Beth yw'r geiriau coll?

Mae angen dŵr ar blanhigion i fyw.

I gael dŵr o'r pridd, mae planhigion yn defnyddio eu **g** _ _ _ _ _ _ _ _ .

Mae'r coesyn yn cario'r dŵr o'r gwreiddiau i'r **d** _ _ _ .

Meddwl a gwneud

Ydy planhigyn yn gallu tyfu'n dda yn y tywyllwch?

Ydy ☐   Nac ydy ☐

Beth mae blodyn yn ei ddenu?

Trefnwch y llythrennau: **pedfry   p** _ _ _ _ _

Pam mae rhai planhigion yn denu gwenyn? . . . .

. . . .

Gweithgareddau Ategol **Deall Pethau Byw**

     © Janet O'Neill, Alan Jones, Roy Purnell, ac Alwena Power

Beth i'w wneud

Tynnwch lun saeth i ddangos ble mae'r galon yn y corff.

Pa mor fawr yw'ch calon?
Rhowch dic ✓ ger yr ateb cywir:

Mae'r galon yr un maint â

marblen ☐

dwrn ☐

pêl droed ☐

Labelwch y diagram i ddangos y rhannau sy'n mynd â'r gwaed o amgylch y corff.

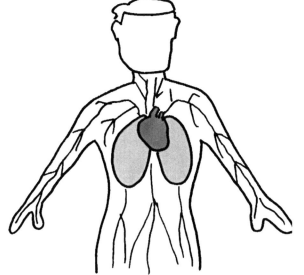

Gwythiennau

Rhydwelïau

Calon

Ysgyfaint

Meddwl a gwneud
Beth sy'n digwydd i'ch calon pan rydych yn rhedeg?

. . . .

Beth sy'n digwydd i'ch calon pan rydych yn cysgu?

. . . .

Beth i'w wneud

Rhowch dic ✓ ger y brawddegau sy'n gywir:

❏ Mae'r galon yn pwmpio gwaed o gwmpas y corff.

❏ Rydw i'n teimlo cariad a chasineb gyda fy nghalon.

❏ Mae'r galon yn arafu pan rydych yn cysgu.

❏ Gall ysmygu achosi problemau i'r galon.

❏ Mae eich curiad calon yn cyflymu pan rydych yn rhedeg.

❏ Dim ond pan gewch chi'ch geni mae'r galon yn dechrau curo.

Meddwl a gwneud

Oes calonnau gan anifeiliaid fel cathod a chŵn?

Oes ❏   Nac oes ❏

Oes calon gan blanhigion?   Oes ❏   Nac oes ❏

    © Janet O'Neill, Alan Jones, Roy Purnell, ac Alwena Power

Gwaed

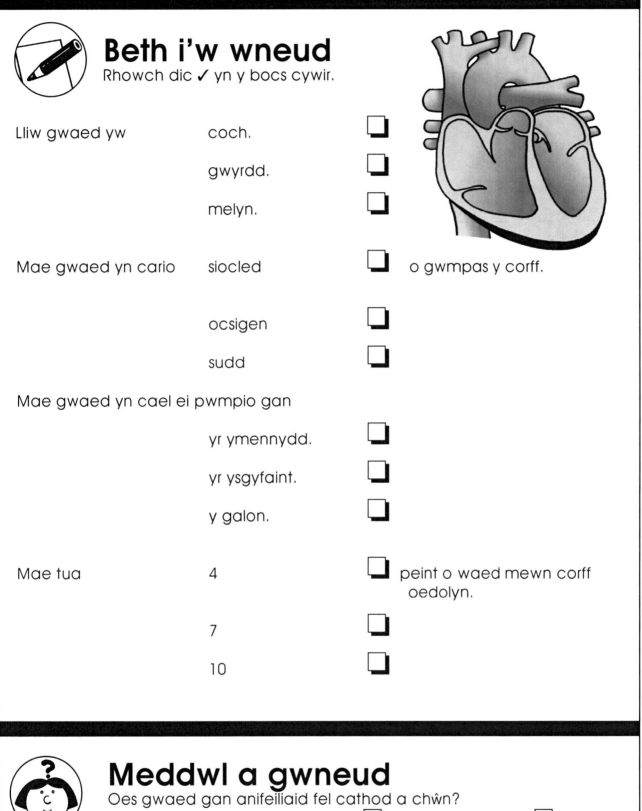

Beth i'w wneud

Rhowch dic ✓ yn y bocs cywir.

Lliw gwaed yw coch. ❏

gwyrdd. ❏

melyn. ❏

Mae gwaed yn cario siocled ❏ o gwmpas y corff.

ocsigen ❏

sudd ❏

Mae gwaed yn cael ei pwmpio gan

yr ymennydd. ❏

yr ysgyfaint. ❏

y galon. ❏

Mae tua 4 ❏ peint o waed mewn corff oedolyn.

7 ❏

10 ❏

Meddwl a gwneud

Oes gwaed gan anifeiliaid fel cathod a chŵn?

Oes ❏   Nac oes ❏

Oes gwaed gan blanhigion?

Oes ❏   Nac oes ❏

Y corff

Beth i'w wneud

Mae gennym bethau o'r enw **organau** yn ein cyrff.

Eu henwau yw:

ymennydd	calon	arennau	ysgyfaint

Cysylltwch y geiriau a'r corff.

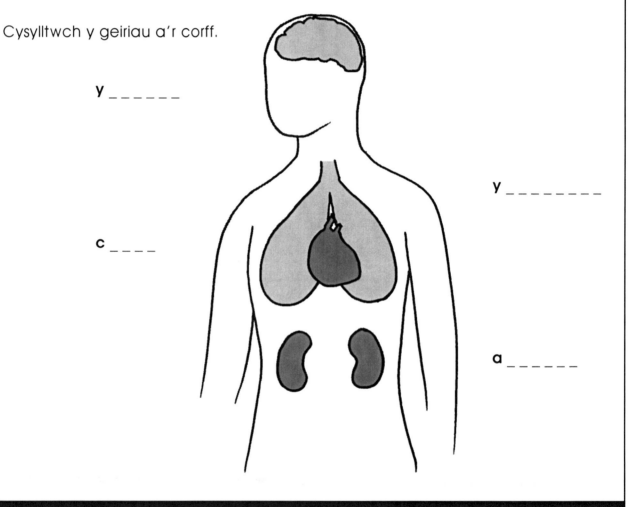

y _ _ _ _ _ _

c _ _ _ _

y _ _ _ _ _ _ _ _

a _ _ _ _ _

Meddwl a gwneud

Pa organ sy'n pwmpio gwaed o gwmpas y corff? . . . .

Pa organ sy'n cymryd aer i mewn? . . . .

Gweithgareddau Ategol **Deall Pethau Byw**

 © Janet O'Neill, Alan Jones, Roy Purnell, ac Alwena Power

Ymarfer

Beth i'w wneud

Rhowch dic ✓ ger y pethau sy'n newid pan rydych yn ymarfer (fel rhedeg yn gyflym).

Sut maent yn newid pan fyddwch yn ymarfer?

	Newid? Ie/Na	Nodwch sut maent yn newid
Anadlu		
Gwaed yn symud o gwmpas y corff		
Curiad calon		
Gwres y corff		
Eich dannedd		
Eich ffitrwydd		
Tyfiant gwallt		
Pa mor flinedig ydych chi		
Chwysu		

Meddwl a gwneud

Pam y mae'n bwysig i ymarfer yn gyson?

. . . .

Meddwl a gwneud

Rhowch dic ✓ ger y pethau sy'n hybu iechyd da.

Ysmygu ❑

Yfed alcohol ❑

Ymarfer cyson ❑

Diet cytbwys ❑

Bwyta ffrwythau ❑

Arogli glud ❑

Bwyta losin ❑

Bywyd tawel ❑

Meddwl a gwneud

Pam mae ysmygu yn ddrwg i chi? . . . .

Beth sy'n digwydd os ydych yn sâl? . . . .

© Janet O'Neill, Alan Jones, Roy Purnell, ac Alwena Power

Cadw'n iach

Meddwl a gwneud

Rydym yn golchi ein dwylo i atal anhwylder ar y stumog.

Rhowch yr ymadroddion hyn yn y lleoedd cywir.

Mae bwyta llai o losin	Mae osgoi fwg sigarét
Mae pesychu i mewn i hances	Mae ymarfer cyson

. . . . yn helpu annwyd rhag lledaenu.

. . . . yn helpu i atal y ddannoedd.

. . . . yn helpu i'ch cadw mewn iechyd da.

. . . . yn eich helpu rhag cael canser yr ysgyfaint.

Meddwl a gwneud

Ysgrifennwch dri pheth i'w wneud i gadw'n iach.

1. . . . .

2. . . . .

3. . . . .

Bywyd afiach

Beth i'w wneud
Rhowch groes **X** ger y pethau sy'n afiach.

Ysmygu ☐

Diet cytbwys ☐

Alcohol ☐

Gorfwyta ☐

Arogli glud ☐

Aer llygredig ☐

Dŵr pur ☐

Moddion ☐

Gwnewch boster i ddangos bywyd iach

Camddefnydd o gyffuriau ☐

Meddwl a gwneud
Rydw i'n cadw'n iach trwy …

. . . .

. . . .

Geiriau am bobl

Beth i'w wneud
Cysylltwch yr enwau ar y chwith a'r ymadroddion ar y dde.

Meddyg	sy'n trin anifeiliaid
Ffisiotherapydd	sy'n dosbarthu moddion
Deintydd	sy'n edrych ar eich traed
Milfeddyg	sy'n trin pobl
Ceiropodydd	sy'n ymarfer eich corff
Fferyllydd	sy'n trin eich dannedd

Meddwl a gwneud
Beth mae nhw'n galw person sy'n mynd â'i garreg/charreg anwes am dro?

Ffwl

Pam mae plant yn hoffi chwarae gydag 'anifeiliaid anwes electronig' fel Tamagotchis?

. . . .

Byw ac anfyw

Beth i'w wneud
Rhowch dic ✓ ger y pethau sy'n fyw ar hyn o bryd.

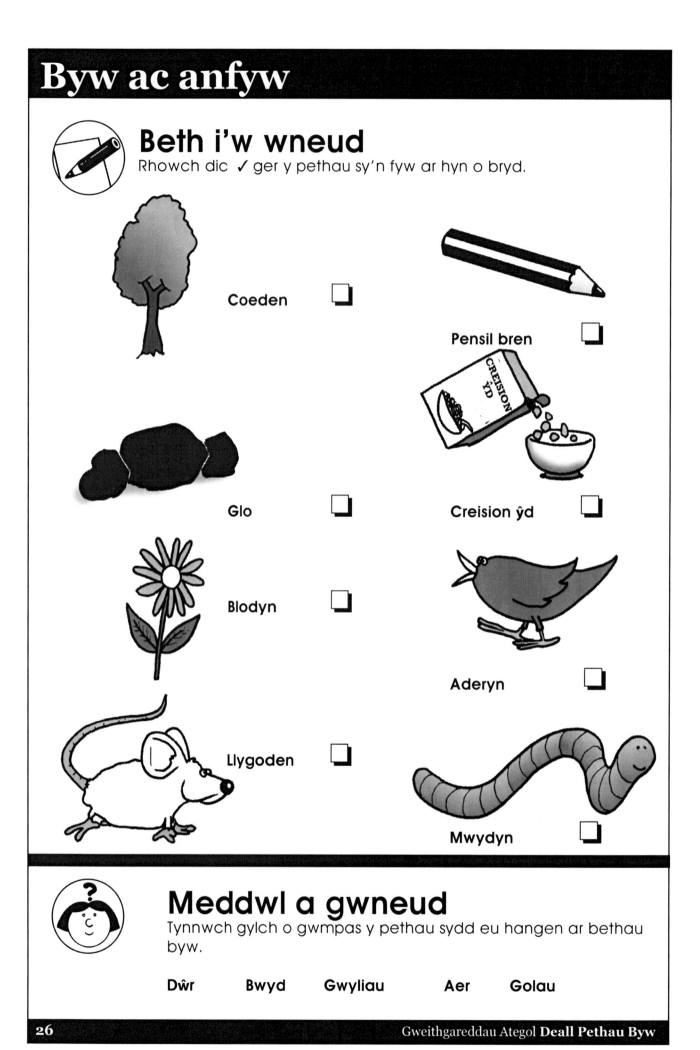

Coeden ☐

Pensil bren ☐

Glo ☐

Creision ŷd ☐

Blodyn ☐

Aderyn ☐

Llygoden ☐

Mwydyn ☐

Meddwl a gwneud
Tynnwch gylch o gwmpas y pethau sydd eu hangen ar bethau byw.

Dŵr   Bwyd   Gwyliau   Aer   Golau

Gweithgareddau Ategol **Deall Pethau Byw**

© Janet O'Neill, Alan Jones, Roy Purnell, ac Alwena Power

Beth i'w wneud

Mae rhai o'r pethau isod yn fyw. Mae rhai ddim yn fyw.

Gwair

Dŵr

Blodyn

Gwlithen

Cwmwl

Cranc

Glaw

Yr Haul

Brws dannedd

Rhowch y geiriau yn y rhestr gywir:

Byw	Dim yn fyw

Beth i'w wneud

Rhowch dic ✓ ger y pethau mae pob peth byw yn ei wneud.

Angen bwyd ☐

Atgenhedlu ☐

Angen dŵr ☐

Hoffi cerddoriaeth ☐

Angen golau ☐

Tyfu ☐

Symud ☐

Gwylio'r teledu ☐

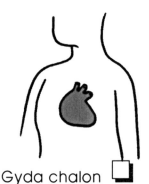

Gyda chalon ☐

Meddwl a gwneud

Mae gan anifeiliaid waed sy'n mynd â bwyd o gwmpas y corff.

Beth sydd gan blanhigion sy'n gwneud hyn? . . . .

Gweithgareddau Ategol **Deall Pethau Byw**

 © Janet O'Neill, Alan Jones, Roy Purnell, ac Alwena Power

Planhigion sy'n marw

 **Beth i'w wneud**

Dyma rhai planhigion.

1. Dŵr
   Dim bwyd planhigion
   Golau'r haul

2. Dim dŵr
   Bwyd planhigion
   Golau'r haul

3. Dŵr
   Bwyd planhigion
   Tyfu yn y tywyllwch

4. Dŵr
   Bwyd planhigion
   Golau'r haul

Pa un fydd yn tyfu orau? . . . .

Pam na fydd y gweddill yn tyfu cystal? . . . .

. . . .

Fe allwch ymchwilio i hyn.

 Meddwl a gwneud

Ni all planhigyn dyfu ar wyneb y lleuad oherwydd ...

. . . .

. . . .

Hadau, 1

Beth i'w wneud

Mae rhai planhigion yn atgynhedlu drwy greu hadau.

Tynnwch lun i ddangos sut mae planhigyn tomato yn tyfu o hedyn.

1. Plannu hedyn	2. Hedyn yn egino
3. Planhigyn ifanc yn tyfu	4. Tomatos yn ffurfio

Meddwl a gwneud

Sut gall tomatos aeddfed gael eu defnyddio i dyfu planhigion tomatos newydd eraill?

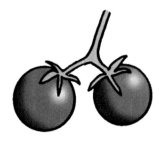

© Janet O'Neill, Alan Jones, Roy Purnell, ac Alwena Power

Planhigion yn yr oerni

Darllenwch

Mae hedyn sy'n dechrau tyfu yn **egino**.

Beth i'w wneud

Pa hedyn fydd yn egino gyflyma os yw'n cael ei ddyfrhau?

. . . .

1. Hedyn mewn pridd yn yr oergell

2. Hedyn mewn pridd yn y rhewgell

3. Hedyn mewn pridd y tu allan yn y gaeaf

4. Hedyn mewn pridd mewn tŷ cynnes

Fe allwch ymchwilio i hyn.
I ddechrau tyfu hedyn, rhaid cael . . . . a . . . .

Meddwl a gwneud

Rhowch hedyn pys neu ffa ar wlân cotwm yn y dosbarth. Gadewch am tua wythnos.

Tynnwch lun o beth sy'n digwydd.

Beth fyddai'n digwydd i'r un arbrawf mewn cwpwrdd tywyll?

. . . .

. . . .

Beth i'w wneud

Cysylltwch y labeli a'r planhigyn:

Dail

Petalau

Ble mae'r paill

Ble mae'r hadau'n ffurfio

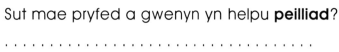

Sut mae pryfed a gwenyn yn helpu **peilliad**?

. . . .

. . . .

. . . .

Tynnwch lun wenynen gyda phaill drosti tu mewn i'r blodyn.

Meddwl a gwneud
Mae angen peilliad cherwydd ...

. . . .

Beth i'w wneud

Rhaid i hadau gael eu **gwasgaru** neu eu symud i le arall.

Tynnwch linellau i ddangos beth sy'n helpu'r hadau i symud.

Gallwch dynnu mwy nag un llinell i bob planhigyn.

Dant y llew

Gwynt yn chwythu

Castanwydden

Adar

Mwyar duon

Gwiwerod

Hadau chwyn

Pobl

Mes

Afalau

Planhigion gwahanol

Beth i'w wneud

Mae'r geiriau mewn print trwm wedi eu cymysgu.
Ysgrifennwch beth ddylai'r geiriau fod.

Arwyneb y dŵr

Gwymon

Swigod aer

Mae gwymon yn defnyddio
sachau aer i'w helpu i **ofoin** i'r
arwyneb i gael **glauo'r hual**.

. . . .

. . . .

Mae'r eiddew yn glynu i'r wal
drwy ddefnyddio **ddiauierwg**
cryf.

. . . .

. . . .

Mae pys pêr yn defnyddio
coesynnau troellog
i'w helpu i **yllfes**.

. . . .

. . . .

Meddwl a gwneud

Sut mae ffa dringo yn tyfu i fyny ffon?

. . . .

. . . .

Gweithgareddau Ategol **Deall Pethau Byw**

© Janet O'Neill, Alan Jones, Roy Purnell, ac Alwena Power

Dyfalu anifeiliaid

Beth i'w wneud

Darllenwch y brawddegau hyn. Dyfalwch y pethau byw.

Rydw i'n cerdded ar bedair coes.
Mae gen i gynffon hir.
Rydw i'n canu grwndi pan mae rhywun yn fy mwytho.

C. . . . . ydw i.

Rydw i'n tyfu ar blanhigyn tal.
Llysieuyn ydw i.
Weithiau mae pobl yn fy ngweld i'n 'dringo'.

Ff. . . . . ydw i.

Nid wyf yn gallu gweld yn dda gan fy mod yn byw dan ddaear.
Nid yw pobl yn hoffi fy nghodi am fy mod yn llithrig.
Gallaf fyw yn eich gardd neu mewn cae.

M. . . . . ydw i.

Mae gen i gynffon drwchus.
Rydw i'n hoffi casglu cnau a'u cuddio ar gyfer y gaeaf.
Rydw i'n cysgu y rhan fwyaf o'r gaeaf mewn cuddfan.

G. . . . . ydw i.

Meddwl a gwneud

Cyfansoddwch ychydig o frawddegau eich hunan am blanhigyn neu anifail.

. . . .

. . . .

Profwch eich ffrindiau.

Pa anifail?

Beth i'w wneud

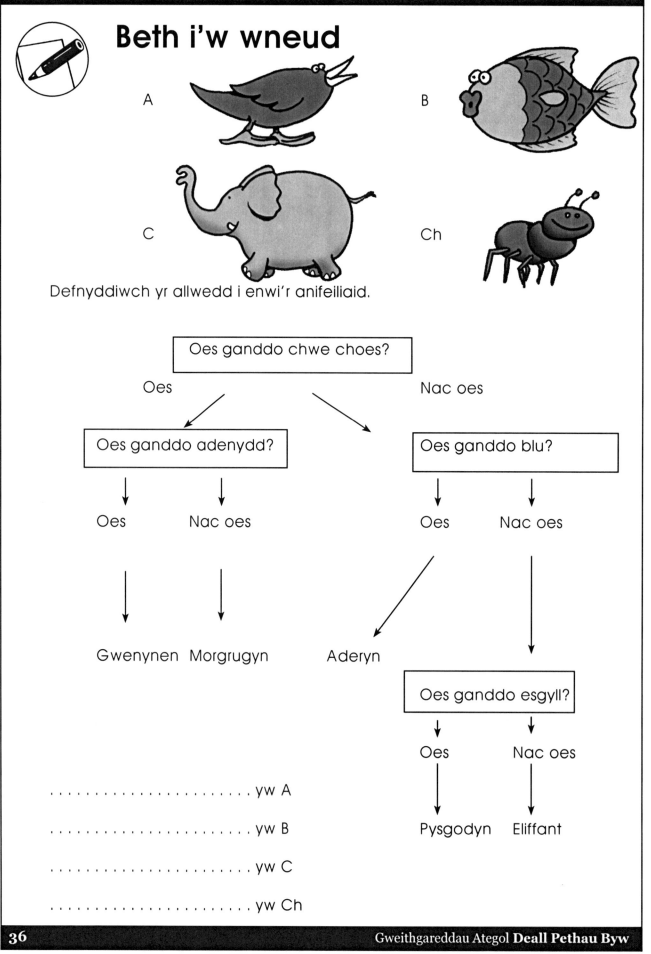

A

B

C

Ch

Defnyddiwch yr allwedd i enwi'r anifeiliaid.

Oes ganddo chwe choes?

Oes   Nac oes

Oes ganddo adenydd?   Oes ganddo blu?

Oes   Nac oes   Oes   Nac oes

Gwenynen   Morgrugyn   Aderyn

Oes ganddo esgyll?

Oes   Nac oes

Pysgodyn   Eliffant

. . . . yw A

. . . . yw B

. . . . yw C

. . . . yw Ch

     © Janet O'Neill, Alan Jones, Roy Purnell, ac Alwena Power

Creu allweddau

Beth i'w wneud

Pan rydych yn creu allwedd rhaid i'r cwestiynau gael eu hateb gan **oes** neu **nac oes/ydy** neu **nac ydy/ie** neu **nage**.

Edrychwch ar yr allwedd i drefnu'r darnau arian.

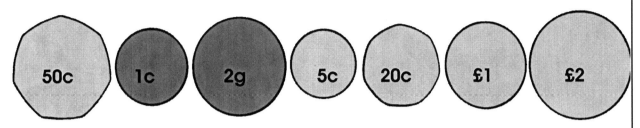

Does dim ffordd gywir nac anghywir i'w trefnu. Gallwch greu cwestiynau eich hun.

Nodwch ble dylai'r darnau arian fynd.

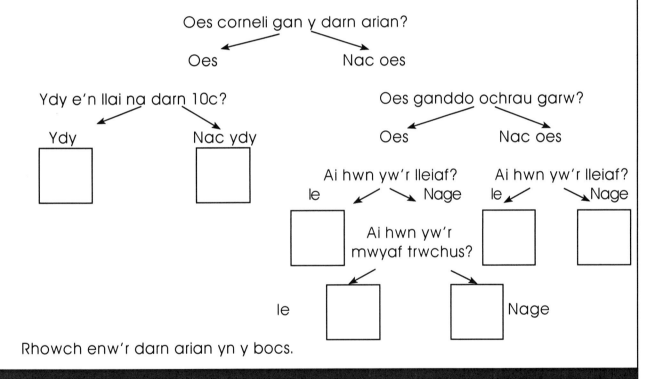

Oes corneli gan y darn arian?

Oes ← → Nac oes

Ydy e'n llai na darn 10c?

Ydy ↙ → Nac ydy

[ ]   [ ]

Oes ganddo ochrau garw?

Oes ↙ → Nac oes

Ai hwn yw'r lleiaf?

Ie ↙ ↘ Nage

[ ]

Ai hwn yw'r mwyaf trwchus?

Ie ↙ → Nage

[ ]   [ ]

Ai hwn yw'r lleiaf?

Ie ↙ ↘ Nage

[ ]   [ ]

Rhowch enw'r darn arian yn y bocs.

Meddwl a gwneud

Mae Joseff wedi dod o hyd i'r dail yma yn yr ardd. Creuwch allwedd i'w helpu i'w drefnu.

Celyn   **Castanwydden**   **Derwen**   **Afal**   **Masarnen**

Newidiadau mewn coeden

Beth i'w wneud

Mae coeden yn newid drwy'r flwyddyn.
Mae'r lluniau yn dangos sut mae coeden afalau yn newid o'r gwanwyn i'r hydref.

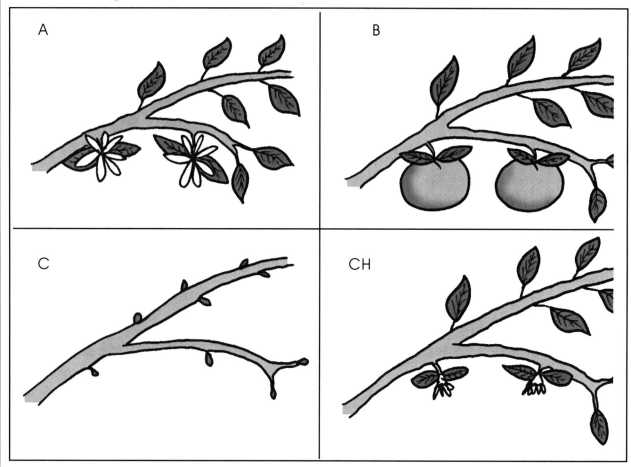

Rhowch y llythrennau mewn trefn yn y bocsys i ddangos sut mae'r goeden afalau wedi newid.
Mae'r un gyntaf wedi'i wneud.

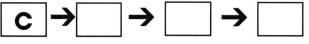

Pa amser o'r flwyddyn y gwelwch chi lun C? **G** _ _ _ _ _ _

Meddwl a gwneud

Pa dymor sy'n dilyn y gwanwyn? **H** _ _

Pa dymor sy'n dilyn yr haf?. . . . .

Ble gwelwch chi hadau'r afal?. . . . .

Gweithgareddau Ategol **Deall Pethau Byw**

  © Janet O'Neill, Alan Jones, Roy Purnell, ac Alwena Power

Cylchred y broga

Beth i'w wneud

Torrwch allan y bocsys. Rhowch nhw mewn trefn. Dechreuwch gyda'r wyau.

A

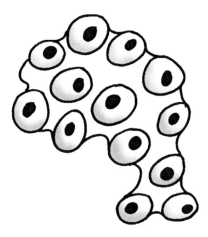

B

C

CH

Meddwl a gwneud

Beth mae brogaod yn hoffi ei fwyta? . . . .

. . . .

Pwy sy'n dodwy'r wyau – y broga gwryw neu'r broga benyw? . . . .

Teuluoedd trychfilod

Beth i'w wneud

Roedd Ffion yn y goedwig a gwelodd drychfilod.
Rhoddodd hwy mewn dau deulu.

Teulu 1

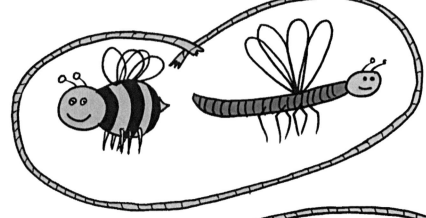

Teulu 2

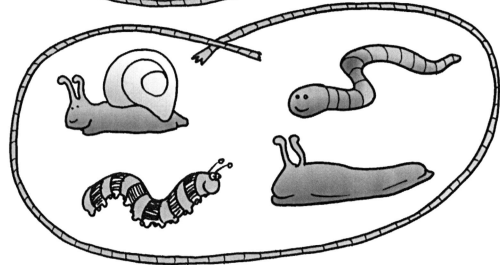

Sut all y trychfilod yn nheulu 1 symud?   **h** _ _ _ _ _ _   a **ch** _ _ _ _ _ _

Gallant wneud hyn oherwydd bod ganddynt **a** _ _ _ _ _ _   a **ch** _ _ _ _ _ _

Meddwl a gwneud

Sut mae'r trychfilod yn nheulu 2 yn symud?

. . . .

. . . .

Allwch chi enwi un o'r trychfilod ymhob teulu? . . . .

   © Janet O'Neill, Alan Jones, Roy Purnell, ac Alwena Power

Beth i'w wneud

Mae angen cadw'r ardal o gwmpas yr ysgol yn lân. Sut mae gwneud hyn?

Ysgrifennwch neu tynnwch lun am y canlynol ...

coed

sbwriel

ceir a bysus

gwastraff anifeiliaid

Meddwl a gwneud

Sut mae anwybyddu'r pethau hyn yn cael effaith ar iechyd pobl?

. . . .

. . . .

Ble 'rydw i'n byw?

Beth i'w wneud

Ble byddech chi'n disgwyl i mi fyw?

Cysylltwch y geiriau ar y chwith a'r lluniau ar y dde.

Ci

Llygoden

Cwningen

Buwch

Aderyn y to

Meddwl a gwneud

Mae anifeiliaid gwahanol yn byw mewn gwahanol leoedd
oherwydd . . . .

. . . .

© Janet O'Neill, Alan Jones, Roy Purnell, ac Alwena Power

Planhigion sy'n byw yma

Beth i'w wneud

Cysylltwch yr enwau a'r lluniau i ddangos ble mae'r planhigion yn tyfu orau.

Grug

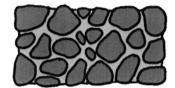

Cen

Gwymon

Gwenith

Planhigyn tŷ

Meddwl a gwneud

Mae planhigion gwahanol yn hoffi byw mewn gwahanol leoedd oherwydd

. . . .

. . . .

Lle mae pysgod yn byw

Beth i'w wneud

Mae pysgod yn byw ac yn nofio o dan y dŵr.

Cysylltwch y geiriau a rhannau'r pysgodyn.

Llygad

Cynffon

Esgyll

Tagellau

Ceg

Pa bethau sy'n helpu'r pysgodyn i symud trwy'r dŵr?

. . . .

. . . .

Mae pysgod yn defnyddio **t** _ _ _ _ _ _ i anadlu o dan y dŵr.

Meddwl a gwneud
Nodwch ddwy ffordd y gall pysgod fyw mewn dŵr.

1. . . . .

2. . . . .

 © Janet O'Neill, Alan Jones, Roy Purnell, ac Alwena Power

Cadwyni bwyd

Darllenwch

Mae buwch yn bwyta gwair→Mae buwch yn creu llaeth→ Rydw i'n yfed llaeth

Dyma yw **cadwyn fwyd**. Mae cadwyni bwyd yn dechrau bron bob amser gyda phlanhigion gwyrdd.

Beth i'w wneud
Mae ci yn bwyta bwyd cwn wedi'i wneud o gig eidion. Tynnwch lun y gadwyn fwyd, gan ddechrau gyda gwair.

Mae cath yn bwyta bwyd cathod, 'Pysgod-cath'. Tynnwch lun y gadwyn fwyd yma, gan ddechrau gyda phlancton.

Mae Ioan yn hoffi bwyta hambyrgyrs. Tynnwch lun y gadwyn fwyd.

Meddwl a gwneud
Tynnwch lun cadwyn fwyd ar gyfer gwalch glas, gan ddechrau gyda deilen fresych.

Beth i'w wneud

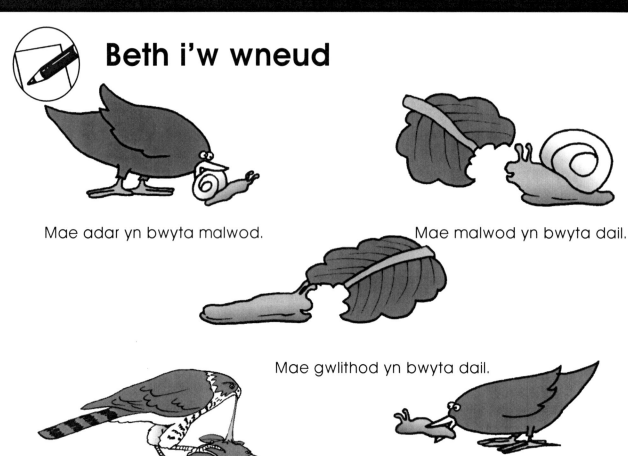

Mae adar yn bwyta malwod.

Mae malwod yn bwyta dail.

Mae gwlithod yn bwyta dail.

Mae gweilch glas yn bwyta adar bach.

Mae adar yn bwyta gwlithod.

Rhowch un enghraifft o anifail sy'n bwyta anifail arall.

Nodwch enw gelyn yr aderyn bach.

Dangoswch ddwy gadwyn fwyd, gan ddechrau gyda dail.

 © Janet O'Neill, Alan Jones, Roy Purnell, ac Alwena Power

Clefydau

Beth i'w wneud
Gorffennwch y brawddegau hyn.

Rhaid i mi olchi fy nwylo bob tro cyn bwyta oherwydd …

. . . .

Rhaid i mi olchi fy nwylo bob tro ar ôl mynd i'r tŷ bach
oherwydd …

. . . .

Rhaid i mi ddefnyddio hances bob tro wrth disian
oherwydd …

. . . .

Mae meddygon yn golchi eu dwylo gyda diheintydd bob
amser ar ôl trin cleifion oherwydd …

. . . .

Mae meddygon yn defnyddio nodwyddau newydd bob
amser cyn rhoi pigiadau oherwydd …

. . . .

Meddwl a gwneud
Gorffennwch:

Mae pesychu a thisian yn lledaenu c . . . .

Micro-organeddau

Darllenwch

Pethau byw yw micro-organeddau ond drwy ficrosgop yn unig y gellir eu gweld.
Mae rhai micro-organeddau o gymorth. Mae eraill yn niweidiol.

Ymchwiliwch

Toddwch 1 llwy de o siwgr mewn 150ml o ddŵr cynnes.
Ychwanegwch 1 llwy fwrdd o furum sych.

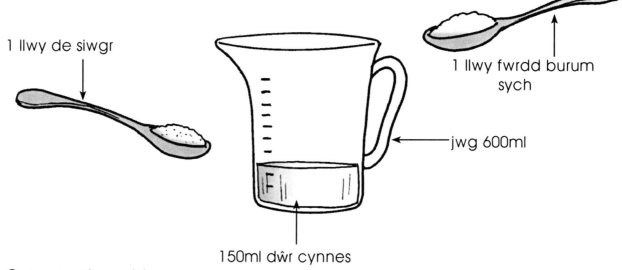

1 llwy de siwgr

1 llwy fwrdd burum sych

jwg 600ml

150ml dŵr cynnes

Cymysgwch yn dda.

Gadewch am 15 munud mewn lle cynnes.
Tynnwch lun o beth sy'n digwydd.

Dilëwch y gair anghywir:
Mae burum yn ficro-organedd **o gymorth/niweidiol**.

Gallwch ddefnyddio eich burum i greu bara.

Meddwl a gwneud

Rhestrwch pob micro-organedd y gallwch feddwl amdano.
Nodwch os ydyw o gymorth neu'n niweidiol.

© Janet O'Neill, Alan Jones, Roy Purnell, ac Alwena Power

Lightning Source UK Ltd.
Milton Keynes UK
UKOW02f0137071113

220600UK00003B/13/P